RUPESH KUMAR TIPU

Fundamentos de Python: Um guia compacto para profissionais

RUPESH KUMAR TIPU

Fundamentos de Python: Um guia compacto para profissionais

ScienciaScripts

Imprint

Cover image: www.ingimage.com

This book is a translation from the original published under ISBN 978-620-7-47345-8.

Publisher:
Sciencia Scripts
is a trademark of
Dodo Books Indian Ocean Ltd. and OmniScriptum S.R.L publishing group

120 High Road, East Finchley, London, N2 9ED, United Kingdom
Str. Armeneasca 28/1, office 1, Chisinau MD-2012, Republic of Moldova, Europe
Managing Directors: Ieva Konstantinova, Victoria Ursu
info@omniscriptum.com

Printed at: see last page
ISBN: 978-620-8-37818-9

Conteúdo

Resumo

O livro "Python Essentials: A Compact Guide for Practitioners" é um recurso habilmente elaborado, concebido para equipar os profissionais com uma compreensão fundamental e conhecimentos práticos de programação Python. Este guia destila os principais aspectos do Python num formato conciso e acessível, enfatizando a versatilidade, a legibilidade e a ampla aplicabilidade da linguagem numa série de campos. Desde as noções básicas de sintaxe e semântica até às funcionalidades avançadas, como a programação orientada para objectos, a concorrência e a interação com bases de dados, este livro fornece uma panorâmica abrangente adaptada aos profissionais que procuram tirar partido das capacidades de Python.

Começando com uma introdução ao rico ecossistema do Python e à sua atração por todas as indústrias, o guia avança através de conceitos fundamentais como variáveis, tipos de dados, fluxo de controlo e funções, estabelecendo uma base sólida. Aprofunda-se ainda mais nas poderosas estruturas de dados do Python, iluminando as suas utilizações práticas e eficiências. As secções avançadas do livro exploram decoradores, gestores de contexto e geradores, revelando a profundidade e a flexibilidade do Python.

É dada especial atenção à programação orientada para objectos, desmistificando conceitos como herança, polimorfismo e encapsulamento com exemplos claros e ideias práticas. O guia também percorre os aspectos essenciais do empacotamento e distribuição, permitindo aos leitores partilhar o seu código de forma eficaz. Os tópicos avançados estendem-se à programação simultânea, apresentando as capacidades do Python para desenvolvimento assíncrono e threading, e ilustrando as melhores práticas para trabalhar com bases de dados e armazenamento persistente.

Cada capítulo é meticulosamente estruturado, apresentando conceitos com clareza, enriquecidos com exemplos, dicas e melhores práticas. Os apêndices fornecem recursos adicionais, incluindo um guia de instalação do Python, uma folha de consulta rápida e indicações para leituras adicionais, garantindo que os leitores têm tudo o que precisam para passar de principiantes a programadores Python proficientes.

"Python Essentials: Um Guia Compacto para Profissionais" destaca-se como um recurso indispensável para profissionais que procuram aproveitar o potencial do Python, oferecendo um caminho para elevar as suas competências de programação, melhorar o seu fluxo de trabalho e contribuir mais eficazmente para os seus projectos. Quer seja novo na programação ou esteja a tentar aprofundar os seus conhecimentos de Python, este livro oferece as ideias e os conhecimentos práticos de que necessita para navegar com confiança no mundo da programação Python.

Palavras-chave: Programação Python, Conceção orientada para objectos, Estruturas de dados, Tratamento de excepções, Caraterísticas avançadas de Python.

INTRODUÇÃO

Prefácio

"Python Essentials: A Compact Guide for Practitioners" foi concebido como um recurso conciso, mas abrangente, especificamente adaptado para profissionais que procuram aproveitar o poder do Python no seu trabalho. Reconhecendo o papel crescente do Python em várias indústrias devido à sua versatilidade, legibilidade e amplo suporte de biblioteca, este guia visa equipar os profissionais com o conhecimento fundamental e as habilidades práticas necessárias para implementar o Python de forma eficaz em seus projetos.

Este livro destila os principais aspectos da programação Python num formato digerível, enfatizando conceitos e técnicas que são mais relevantes e imediatamente aplicáveis aos profissionais. Quer se trate de um programador experiente que procura aperfeiçoar as suas competências em Python ou de um profissional sem experiência em programação que pretende tirar partido das capacidades de Python, este guia procura fornecer uma base sólida em Python, juntamente com conhecimentos sobre as suas aplicações práticas.

O conteúdo está estruturado para facilitar uma curva de aprendizagem suave, começando pelos conceitos básicos de programação antes de avançar para tópicos mais avançados. Exemplos do mundo real, melhores práticas e dicas são intercalados ao longo dos capítulos, ilustrando como o Python pode ser utilizado para resolver problemas complexos, automatizar tarefas, analisar dados e criar aplicações poderosas.

No final deste livro, os leitores terão adquirido uma compreensão clara das principais caraterísticas do Python e de como estas podem ser aplicadas em vários contextos profissionais. O objetivo não é apenas ensinar a sintaxe Python, mas permitir que os leitores pensem Pythonicamente e apliquem a filosofia da linguagem para resolver desafios do mundo real de forma eficiente.

CAPÍTULO 1

Introdução ao Python

1.1 Porquê Python? Compreender a sua popularidade e versatilidade

Python, uma linguagem de programação de alto nível conhecida pela sua sintaxe clara e legibilidade, tem vindo a ganhar popularidade em vários campos, desde o desenvolvimento web à ciência dos dados, e da investigação académica às aplicações empresariais. Este capítulo analisa os principais atributos que fazem de Python uma escolha exemplar para profissionais de diversas disciplinas.

1. **Simplicidade e legibilidade:** A sintaxe do Python foi concebida com a legibilidade em mente, tornando-a uma excelente linguagem para programadores principiantes e experientes. A sua sintaxe simples e direta permite aos programadores expressar conceitos sem escrever código adicional, tornando os programas Python mais fáceis de escrever, ler e manter. Esta simplicidade acelera o processo de desenvolvimento e facilita uma curva de aprendizagem mais suave para novos programadores.
2. **Versatilidade e flexibilidade:** Python é muitas vezes descrita como uma linguagem de "baterias incluídas" devido à sua biblioteca padrão abrangente que inclui módulos para tudo, desde operações matemáticas a serviços Web. Pode ser utilizada para uma vasta gama de aplicações, como o desenvolvimento de GUIs de ambiente de trabalho, aplicações Web e ferramentas de análise de dados. A flexibilidade do Python também se estende ao seu papel de linguagem "cola", permitindo-lhe integrar componentes escritos noutras linguagens, aproveitando assim os pontos fortes de várias tecnologias.
3. **Comunidade e ecossistema fortes:** Um dos maiores pontos fortes do Python é a sua comunidade vibrante, que contribui para um vasto ecossistema de bibliotecas, estruturas e ferramentas. Este ecossistema permite ao Python responder a uma série de aplicações, desde a aprendizagem automática com bibliotecas como o TensorFlow e o scikit-learn até ao desenvolvimento Web com estruturas como o Django e o Flask. A comunidade Python ativa também oferece vastos recursos para aprendizagem e resolução de problemas, facilitando a iniciação de novos utilizadores e o desenvolvimento de competências por parte de utilizadores experientes.
4. **Código aberto com forte apoio empresarial:** Python é uma linguagem de código aberto, o que significa que está disponível gratuitamente para utilização e distribuição, incluindo para fins comerciais. Esta natureza de código aberto incentiva um ambiente de colaboração em que os programadores contribuem para o desenvolvimento e a melhoria contínua da linguagem. Além disso, a Python obteve um apoio empresarial substancial, com os gigantes da tecnologia a investirem no seu desenvolvimento e a integrarem-na nas suas plataformas, garantindo assim a sua relevância e sustentabilidade.
5. **Adequação para prototipagem e desenvolvimento rápidos:** A simplicidade do Python permite um rápido desenvolvimento e prototipagem, permitindo que os programadores passem do conceito à criação mais rapidamente do que é normalmente possível com outras linguagens de programação. Este ciclo de desenvolvimento rápido torna o Python particularmente apelativo em startups e ambientes ágeis onde o tempo e os recursos são factores críticos.
6. **Compatibilidade entre plataformas:** Python é inerentemente multi-plataforma, o que significa que os programas Python podem ser executados em Windows, macOS, Linux e muitos outros sistemas operativos. Essa universalidade significa que o código Python pode ser compartilhado, distribuído ou implantado em diversos ambientes de computação sem a necessidade de modificações significativas.
7. **Importância nas tecnologias emergentes:** Nos domínios da inteligência artificial, da aprendizagem

automática e da ciência de dados, o Python emergiu como a língua franca. A sua vasta seleção de bibliotecas e estruturas, a facilidade de utilização e o apoio da comunidade tornaram-na a linguagem preferida para avanços tecnológicos de ponta, investigação e implementação.

Em resumo, a popularidade e a versatilidade de Python podem ser atribuídas ao seu equilíbrio entre simplicidade, funcionalidade robusta e adaptabilidade a um vasto espetro de aplicações. O seu papel fundamental nas tecnologias actuais e emergentes, combinado com o forte apoio de uma comunidade global, garante que Python continua a ser uma ferramenta relevante e poderosa no conjunto de ferramentas dos profissionais, permitindo-lhes enfrentar eficazmente os desafios do panorama tecnológico moderno.

1.2 Configurar o seu ambiente Python

Estabelecer um ambiente Python robusto é um passo fundamental para qualquer praticante de Python. Esta configuração envolve a instalação do Python, a escolha de um ambiente de desenvolvimento integrado (IDE) ou editor de código, e a configuração das ferramentas e bibliotecas necessárias para criar um fluxo de trabalho eficiente. Aqui está um guia detalhado para colocar seu ambiente Python em funcionamento.

1.2.1 Instalar o Python

1. **Descarregar Python:**

- Visite o site oficial do Python em python.org e navegue até à secção Downloads. O site oferece normalmente a versão mais recente para o seu sistema operativo.
- Certifique-se de que descarrega a versão correta para o seu sistema operativo (Windows, macOS, Linux/UNIX). Recomenda-se o Python 3.x, uma vez que o Python 2.x já não é suportado.

2. **Processo de instalação:**

- **Windows:** Execute o ficheiro executável descarregado. Selecione 'Add Python to PATH' antes de clicar em 'Install Now', o que simplifica os passos futuros de execução do Python a partir da linha de comandos.
- **macOS:** Abra o pacote descarregado e siga as instruções no ecrã. O instalador encarrega-se do resto.
- **Linux:** A maioria das distribuições Linux vem com Python pré-instalado. Caso contrário, pode instalá-lo utilizando o gestor de pacotes específico da sua distribuição, como **o apt** para o Ubuntu ou **o yum** para o Fedora.

3. **Verificar a instalação:**

- Abra a sua interface de linha de comandos (CLI) e escreva **python --version** (ou **python3 -version**, dependendo do seu SO). Deverá ver o número da versão do Python se a instalação tiver sido bem sucedida.

1.2.2 Escolher um IDE ou editor de código

A seleção de um IDE ou editor de código é, em grande medida, uma questão de preferência pessoal e de necessidades do projeto. Aqui estão algumas opções populares:

1. **IDLE:** O Ambiente Integrado de Desenvolvimento e Aprendizagem do Python vem instalado com o Python, oferecendo um local simples para começar a programar.
2. **PyCharm:** Este IDE da JetBrains oferece um ambiente rico com autocompletar de código, depuração e outros recursos. A versão Community é gratuita, enquanto a versão Professional requer uma subscrição.
3. **Visual Studio Code (VS Code):** Um editor de código leve e de código aberto da Microsoft, que suporta Python através de extensões e fornece funcionalidades como depuração, execução de tarefas e controlo de versões.
4. **Jupyter Notebooks:** Ideal para projectos de ciência de dados, permite-lhe criar e partilhar documentos que contêm código em tempo real, equações, visualizações e texto narrativo.

1.2.3 Configurar o ambiente

1. **Configuração de um ambiente virtual:**

- Os ambientes virtuais permitem-lhe gerir instalações de pacotes separadas para projectos diferentes. Evitam conflitos de compatibilidade entre pacotes específicos de projectos.
- Crie um ambiente virtual executando **python -m venv myenv** (substitua **myenv** pelo nome do seu ambiente) no seu diretório de projeto.
- Ativar o ambiente com **source myenv/bin/activate** em Unix/macOS ou **.\myenv\Scripts\activate** em Windows.

2. **Instalando as bibliotecas necessárias:**

- Use o gerenciador de pacotes do Python, pip, para instalar pacotes. Basta digitar **pip install nome_do_pacote** na sua CLI, onde **nome_do_pacote** é o nome da biblioteca que você deseja instalar.
- Para projectos de ciência de dados, pode começar com bibliotecas como NumPy, pandas, matplotlib ou SciPy: **pip install numpy pandas matplotlib scipy**.

3. **Atualizar o Python e os pacotes:**

- Mantenha o seu Python e pacotes instalados actualizados ao correr periodicamente **pip install python --upgrade** e **pip list --outdated** seguido de **pip install nome_do_pacote --upgrade** para cada pacote desatualizado.

1.2.4 Melhores práticas

- Actualize regularmente a sua versão do Python para aceder às mais recentes funcionalidades e melhorias de segurança.
- Faça uma gestão eficaz das dependências utilizando um ficheiro **requirements.txt**, onde pode especificar as versões das bibliotecas de que o seu projeto necessita.
- Familiarize-se com a documentação do Python e de quaisquer bibliotecas de terceiros que utilize para garantir que as está a utilizar de forma eficaz e eficiente.

Configurar corretamente o seu ambiente Python é crucial para garantir uma experiência de codificação suave e produtiva. Ao seguir estes passos, terá uma base sólida para executar scripts Python, explorar a análise de dados, desenvolver aplicações Web ou quaisquer outras tarefas relacionadas com Python que realize.

1.3 Sintaxe Python e síntese semântica

O Python é conhecido pela sua sintaxe clara e legível, que foi concebida para ser intuitiva e reflecte, até certo ponto, a língua inglesa. Esta visão geral irá apresentar-lhe a sintaxe e a semântica fundamentais do Python, fornecendo uma base sólida para escrever código Python eficiente e eficaz.

1.3.1 Sintaxe básica

1. **Indentação:**

- Python usa indentação para definir blocos de código, ao contrário de muitas outras linguagens que usam chaves. A quantidade de indentação pode ser consistente (geralmente quatro espaços ou uma tabulação), mas o nível de indentação deve ser consistente ao longo desse bloco.
- Uma indentação correta é crucial para a interpretabilidade do código, uma vez que uma indentação incorrecta pode conduzir a erros ou a um comportamento inesperado.

2. **Comentários:**

- Os comentários em Python começam com o símbolo **#** e estendem-se até ao fim da linha. São usados para explicar o código ou anotá-lo para referência futura, mas são ignorados pelo interpretador Python.
- Os comentários de várias linhas podem ser criados utilizando aspas triplas ("'' ou """), embora tecnicamente sejam literais de cadeia de caracteres e não comentários, mas podem ser utilizados como tal, especialmente para cadeias de caracteres de várias linhas ou docstrings.

3. **Variáveis e convenções de nomenclatura:**

- As variáveis em Python podem ser nomeadas usando letras, números ou underscores, mas não podem começar com um número. Python segue certas convenções de nomeação como letras minúsculas com palavras separadas por sublinhados (**snake_case**) para variáveis e funções, e **CamelCase** para classes.
- Python é tipado dinamicamente, o que significa que não é necessário declarar variáveis antes de as utilizar ou declarar o seu tipo.

4. **Tipos e estruturas de dados:**

- Python tem vários tipos de dados padrão, incluindo inteiros, floats (números decimais), strings (texto), listas (sequências ordenadas), dicionários (pares chave-valor), tuplas (sequências ordenadas imutáveis) e conjuntos (colecções não ordenadas de elementos únicos).
- Estes podem ser criados diretamente utilizando literais, por exemplo, **123** (inteiro), **12.3** (float), **"hello"** (string), **[1, 2, 3]** (lista), **{'a': 1,'b': 2}** (dicionário), **(1, 2, 3)** (tupla),
{1, 2, 3} (conjunto).

1.3.2 Síntese semântica

1. **Operadores:**

- Python inclui uma variedade de operadores, tais como operadores aritméticos (+, -, *, /), operadores de comparação (==, !=, >, <, >=, <=), operadores lógicos (**e**, **ou**, **não**) e operadores bit a bit (&, |, \ ~, <<, >>).

2. **Estruturas de controlo:**

Declarações condicionais: Python usa **if**, **elif**, e **else** para operações condicionais. As condições são definidas e, com base na sua veracidade, são executados diferentes blocos de código.

- **Laços:** Python implementa loops utilizando **for** e **while**, permitindo a iteração sobre uma sequência de valores ou uma execução repetida baseada numa condição.

3. **Funções e classes:**

- **Funções:** Definidas com a palavra-chave def, as funções encapsulam o código em blocos reutilizáveis. Podem aceitar parâmetros e valores de retorno.
- **Classes:** Python suporta programação orientada a objectos com classes. As classes são definidas utilizando a palavra-chave **class**, encapsulando dados e funções que operam sobre eles.

4. **Tratamento de excepções:**

- Python utiliza blocos try-except para tratar excepções (erros em tempo de execução). O bloco **try** contém código que pode lançar uma exceção e o bloco **except** contém código que trata a exceção.

5. **Módulos e pacotes:**

- O código pode ser organizado em módulos e pacotes. Um módulo é um único ficheiro Python, enquanto um pacote é um diretório de módulos Python que contém um ficheiro especial __init__.py.

6. **Entrada/Saída de ficheiros:**

- O Python lida com ficheiros utilizando a função **open** incorporada, que devolve um objeto de ficheiro. Este objeto pode ser utilizado para ler ou escrever num ficheiro.

1.4 Principais conclusões

- A sintaxe do Python foi concebida para ser clara e legível, tornando-o numa excelente escolha tanto para programadores principiantes como para programadores experientes.
- Compreender a sintaxe e a semântica do Python é crucial para escrever programas eficientes e aproveitar a extensa biblioteca padrão do Python e os módulos de terceiros.
- A prática regular e a exploração das funcionalidades do Python em aplicações do mundo real podem

melhorar bastante a sua proficiência e fluência na linguagem.

Esta visão geral fornece uma compreensão fundamental da sintaxe e semântica do Python, equipando-o com o conhecimento para começar a escrever scripts Python e aprofundar as caraterísticas mais avançadas da linguagem.

CAPÍTULO 2

Conceitos fundamentais de Python

2.1 Variáveis, tipos de dados e operadores

2.1.1 Variáveis e tipos de dados:

Em Python, as variáveis são utilizadas para armazenar valores de dados. Ao contrário de algumas linguagens de programação, não é necessário declarar explicitamente o tipo de uma variável. Python é de tipo dinâmico, o que significa que o interpretador infere o tipo de dados com base no valor atribuído. Os tipos de dados comuns incluem:

- **Números inteiros:** Números inteiros, por exemplo, **5, 100**.
- **Flutuantes:** Números com um ponto decimal, por exemplo, **3,14, 2,718**.
- **Cadeias de caracteres:** Sequência de caracteres, por exemplo, **"Hello, World!"**.
- **Booleanos:** Valores **verdadeiros** ou **falsos**.
- **Listas:** Coleção ordenada de itens, por exemplo, **[1, 2, 3]**.
- **Tuplas:** Coleção ordenada imutável de itens, por exemplo, **(1, 2, 3)**.
- **Dicionários:** Pares de chave-valor, por exemplo, **{"name": "Alice", "idade": 25}**.
- **Conjuntos:** Coleção não ordenada de itens únicos, por exemplo, **{1, 2, 3}**.

2.1.2 Operadores:

Python inclui vários operadores para efetuar operações em variáveis e valores:

- **Operadores aritméticos:** +, -, *, /, % (módulo), ** (exponenciação), // (divisão por pisos).
- **Operadores de comparação:** ==, !=, >, <, >=, <=.
- **Operadores lógicos:** **e, ou, não**.
- **Operadores de atribuição:** =, +=, -=, *=, /=, etc.
- **Operadores bit a bit:** &, |,^ (XOR), ~ (NOT), << (deslocamento à esquerda), >> (deslocamento à direita).

2.2 Fluxo de controlo: condicionais e loops

2.2.1 Condicionais:

As instruções condicionais em Python permitem a execução de blocos de código dependendo do valor de verdade de uma expressão. As principais declarações condicionais são:

- **if**: Executa um bloco de código se uma condição especificada for verdadeira.
- **elif**: Verifica outra condição se as condições anteriores forem falsas.
- **else**: Executa um bloco de código se todas as condições anteriores forem falsas.

```
se condição:
#    executar estas instruções
elif outra_condição:
#    executar estas instruções
e mais:
#    executar estas instruções
```

2.2.2 Laços:

Os loops em Python são usados para iterar sobre uma sequência de elementos como mostrado na **Figura 2 - 1**. Os dois principais tipos de loops são:

- **para**: Itera sobre os itens de uma sequência ou iterador.
- **while**: Repete-se enquanto uma determinada condição booleana for satisfeita.

para elemento na sequência:

 #   executar estas instruções

enquanto condição:

 #   executar estas instruções

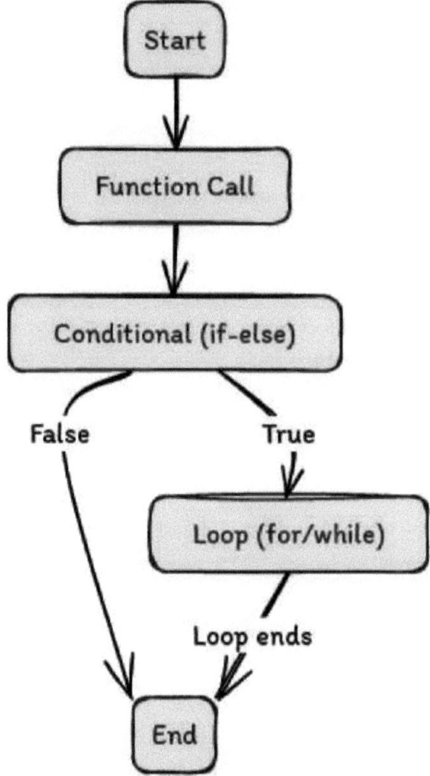

Figura 2 - 1. arquitetura do ciclo Python

2.3 Funções e módulos: Reutilização e modularidade

2.3.1 Funções:

As funções são definidas utilizando a palavra-chave def e são utilizadas para encapsular blocos de código reutilizáveis. Podem aceitar parâmetros e valores de retorno. As funções melhoram a legibilidade, a modularidade e a facilidade de manutenção do código.

def nome_da_função(parâmetros):

 # corpo da função

valor de retorno

As funções podem ter valores de parâmetros predefinidos, argumentos de comprimento variável (***args**) e argumentos de palavras-chave (****kwargs**). Elas fornecem um mecanismo para criar código organizado, reutilizável e modular.

2.3.2 Módulos:

Os módulos em Python são simplesmente ficheiros Python com uma extensão **.py** que contêm código Python. Eles podem definir funções, classes e variáveis. Os módulos permitem-lhe organizar logicamente o seu código Python, facilitando uma melhor reutilização e modularidade. Importar um módulo significa aceder às suas funções, classes ou variáveis dentro de outro script.

importar nome_do_módulo

É possível importar atributos específicos de um módulo, importar um módulo sob um alias ou importar todos os atributos de um módulo. A organização do código em módulos e pacotes não só ajuda a manter a base de código organizada, mas também a gerir eficazmente o espaço de nomes e o âmbito.

CAPÍTULO 3

Estruturas de dados em Python

A compreensão das estruturas de dados é crucial para a resolução eficaz de problemas em Python. Este capítulo aprofunda-se nas estruturas de dados fundamentais do Python, fornecendo exemplos e explicando a sua utilidade em vários contextos de programação.

3.1 Listas, tuplas e conjuntos

3.1.1 Listas:

Descrição: As listas são mutáveis, sequências ordenadas de elementos. Podem conter itens de tipos de dados mistos e estão entre as estruturas de dados mais versáteis em Python.

Utilização: Utilize listas para tarefas que requerem uma sequência mutável de elementos, onde pode ser necessário modificar os dados, efetuar iterações ou manter a ordem dos elementos.

Exemplo:

```
fruits = ["apple", "banana", "cherry"]
fruits.append("orange") # Adds "orange" to the end of the list
print(fruits) # Output: ['apple', 'banana', 'cherry', 'orange']
```

frutos = ["maçã", "banana", "cereja"]

fruits.append("orange") # Adiciona "orange" ao fim da lista

print(fruits) # Saída: ['apple', 'banana', 'cherry', 'orange']

3.1.2 Tuplas:

Descrição: As tuplas são sequências ordenadas e imutáveis de elementos. Uma vez criada uma tupla, não é possível alterar o seu conteúdo - adicionar, remover ou modificar.

Utilização: Utilizar tuplas para dados fixos, para garantir que os dados se mantêm constantes ao longo do programa.

Exemplo:

```
dimensions = (200, 50)
print(dimensions[0]) # Output: 200
# dimensions[0] = 250 # Uncommenting this line would result in an error
```

dimensões = (200, 50)

print(dimensões[0]) # Saída: 200

 # Dimensões[0] = 250# Se esta linha não for comentada, ocorrerá um erro

3.1.3 Conjuntos:

Descrição: Os conjuntos são colecções não ordenadas de elementos únicos. São mutáveis e podem ser utilizados para efetuar operações matemáticas de conjuntos, como a união, a intersecção e a diferença de conjuntos.

Utilização: Utilizar conjuntos quando é necessário garantir a unicidade dos elementos e quando a ordem dos elementos não é importante.

Exemplo:

```
colors = {"red", "green", "blue"}
colors.add("yellow") # Adds "yellow" to the set

print(colors) # Output might be: {'red', 'green', 'blue', 'yellow'}
```

cores = {"vermelho", "verde", "azul"}

colors.add("yellow") # Adiciona "yellow" ao conjunto

print(colors) # A saída pode ser: {'red', 'green', 'blue', 'yellow'}

3.2 Dicionários para gestão de pares chave-valor

Descrição: Os dicionários são colecções mutáveis e não ordenadas de pares chave-valor. As chaves devem ser de tipos únicos e imutáveis, o que torna os dicionários ideais para pesquisas rápidas, gestão de dados e indexação.

Utilização: Utilize dicionários quando necessitar de uma associação lógica entre pares chave:valor, pretender pesquisas rápidas por chave ou precisar de estabelecer um mapeamento entre elementos de dados distintos.

Exemplo:

```
student_grades = {"John": "A", "Jane": "B+", "Dave": "C"}
student_grades["Jane"] = "A-"  # Updates Jane's grade to 'A-'
print(student_grades.get("Dave"))  # Output: C
```

notas_do_aluno = {"João": "A", "Jane": "B+", "Dave": "C"} notas_aluno["Joana"] = "A-" # Actualiza a nota da Joana para 'A-'

print(notas_do_aluno.get("Dave")) # Saída: C

3.3 Estruturas de dados avançadas: Módulo de colecções

O módulo de **colecções** em Python fornece alternativas às estruturas de dados gerais com funcionalidades adicionais.

3.3.1 Contador:

Uma subclasse de dicionário para contar objectos com hash. É uma coleção em que os elementos são armazenados como chaves de dicionário e as suas contagens são armazenadas como valores de dicionário.

Exemplo:

```
from collections import Counter
colors = Counter(['blue', 'blue', 'red', 'yellow', 'blue', 'red'])
print(colors)  # Output: Counter({'blue': 3, 'red': 2, 'yellow': 1})
```

from colecções import Contador

cores = Contador(['azul', 'azul', 'vermelho', 'amarelo', 'azul', 'vermelho']) print(cores) # Saída: Contador({'azul': 3, 'vermelho': 2, 'amarelo': 1})

3.3.2 defaultdict:

Semelhante ao dicionário padrão, mas fornece um valor predefinido para a chave que não existe.

Exemplo:

```
from collections import defaultdict
fruits = defaultdict(int)
fruits['apple'] += 1  # Increments the 'apple' count
print(fruits['apple'])  # Output: 1
```

from colecções import defaultdict

frutos = defaultdict(int)

fruits['apple'] += 1# Aumenta a contagem de 'apple'

print(fruits['apple']) # Saída: 1

3.3.3 OrderedDict:

Uma subclasse de dicionário que se lembra da ordem em que o seu conteúdo é adicionado, mesmo que as chaves existentes sejam reatribuídas.

Exemplo:

```
from collections import OrderedDict
d = OrderedDict()
d['a'] = 'A'
d['b'] = 'B'
d['c'] = 'C'
for key, value in d.items():
    print(key, value)
# Output:
# a A
# b B
# c C
```

from colecções import OrderedDict

d = OrderedDict()

d['a'] = 'A'

d['b'] = 'B'

d['c'] = 'C'

for key, value in d.items(): print(key, value)

 # Saída:

 # a A

 # b B

 # c C

3.3.4 deque:

Um contentor semelhante a uma lista com adições rápidas e pops em ambas as extremidades.

Exemplo:

```
from collections import deque
queue = deque(["Eric", "John", "Michael"])
queue.append("Terry")          # Terry arrives
print(queue.popleft())         # The first to arrive now leaves: Eric
# Output: Eric
```

from colecções import deque

queue = deque(["Eric", "John", "Michael"])

queue.append("Terry") # Terry chega

print(queue.popleft()) # O primeiro a chegar sai agora: Eric

 # Output: Eric

Estas estruturas de dados melhoram a utilidade e a eficiência do Python no tratamento de uma grande variedade de tarefas, desde o simples armazenamento de dados até ao complexo processamento e manipulação de dados. Compreender e implementar estas estruturas de forma eficaz pode melhorar significativamente a funcionalidade e o desempenho das aplicações Python.

CAPÍTULO 4

Trabalhar com ficheiros e diretórios

4.1 Noções básicas de manipulação de ficheiros: Ler e escrever ficheiros

A manipulação de ficheiros e diretórios é um aspeto fundamental da programação em Python, permitindo-lhe armazenar, recuperar e manipular dados armazenados em ficheiros externos. Este capítulo cobre o essencial das operações de ficheiros em Python, juntamente com estratégias para trabalhar com diferentes formatos de ficheiros e sistemas de ficheiros.

Noções básicas de manipulação de ficheiros: Ler e escrever ficheiros

4.1.1 Abrir ficheiros:

Utilize a função **open()** para obter um objeto de ficheiro. A função tem dois argumentos principais: o caminho do ficheiro e o modo (**'r'** para leitura, **'w'** para escrita, **'a'** para anexação e **'b'** para modo binário).

Exemplo:

```
file = open('sample.txt', 'r')  # Open a file for reading
```

file = open('sample.txt', 'r')# Abrir um ficheiro para leitura

4.1.2 Ler ficheiros:

O objeto ficheiro fornece métodos como read(), readline() e readlines() para ler o conteúdo.

Exemplo:

```
content = file.read()  # Read the entire content of the file
print(content)
file.close()
```

content = file.read() # Ler todo o conteúdo do ficheiro print(content)

ficheiro.fechar()

4.1.3 Escrever em ficheiros:

Abra o ficheiro em modo de escrita (**'w'**) ou de anexação (**'a'**) e utilize o método **write()**. Lembre-se que o modo **'w'** substitui o conteúdo do ficheiro existente.

Exemplo:

```
file = open('sample.txt', 'w')
file.write('Hello, Python!\n')
file.close()
```

ficheiro = open('sample.txt', 'w')

file.write('Olá, Python!\n')

ficheiro.fechar()

4.1.4 Encerramento dos ficheiros:

É crucial fechar o ficheiro após as suas operações para libertar recursos do sistema. Utilize o método **close()** ou, de preferência, um gestor de contexto (**com** declaração) que feche automaticamente o ficheiro.

Exemplo:

```
with open('sample.txt', 'r') as file:
    content = file.read()
```

```
print(content)
```

com open('sample.txt', 'r') as file:

conteúdo = ficheiro.read()

imprimir(conteúdo)

4.2 Trabalhar com caminhos, diretórios e sistemas de ficheiros

4.2.1 Os módulos os e os.path:

Estes módulos internos fornecem funções para interagir com o sistema de ficheiros, como criar diretórios (**os.mkdir**), listar o conteúdo dos diretórios (**os.listdir**), e verificar se um ficheiro existe (**os.path.exists**).

Exemplo:

```
import os
os.mkdir('new_directory')
print(os.listdir('.'))
```

importar os

os.mkdir('novo_directório')

print(os.listdir('.'))

4.2.2 O módulo pathlib:

Introduzida em Python 3.4, **a pathlib** oferece uma abordagem orientada a objectos para lidar com caminhos do sistema de ficheiros. Encapsula os caminhos do sistema de ficheiros como objectos que oferecem métodos e propriedades para lidar com tarefas de manipulação de caminhos.

Exemplo:

```
from pathlib import Path
p = Path('.')
for child in p.iterdir():
    print(child)
```

from pathlib import Path

p = Caminho('.')

para criança em p.iterdir():

print(criança)

4.3 Manipulação de dados CSV, JSON e XML

4.3.1 Ficheiros CSV:

Utilize o módulo **csv** para ler e escrever em ficheiros CSV. Fornece os objectos **de leitura** e **de escrita** para interagir facilmente com os dados CSV.

Exemplo:

```
import csv
with open('data.csv', 'r') as csvfile:
    reader = csv.reader(csvfile)
    for row in reader:
        print(row)
```

importar csv

com open('data.csv', 'r') as csvfile:

leitor = csv.reader(csvfile)

para linha no leitor:

imprimir(linha)

4.3.2 Dados JSON:

O módulo **json** permite-lhe converter entre cadeias de caracteres JSON e dicionários Python através de **json.load()** e **json.dump()** para leitura e escrita, respetivamente.

Exemplo:

```
import json
with open('data.json', 'r') as jsonfile:
    data = json.load(jsonfile)
    print(data)
```

importar json

com open('data.json', 'r') as jsonfile:

dados = json.load(jsonfile)

imprimir(dados)

4.3.3 Dados XML:

Utilize o módulo xml. etree. ElementT ree para analisar e criar dados XML. Este módulo fornece uma API simples e eficiente para analisar documentos XML e criar estruturas XML.

Exemplo:

```
import xml.etree.ElementTree as ET
tree = ET.parse('data.xml')
root = tree.getroot()
print(root.tag)
```

importar xml.etree.ElementTree como ET

árvore = ET.parse('data.xml')

root = tree.getroot()

print(root.tag)

Compreender as operações de ficheiros em Python é crucial para aplicações que requerem interação de dados externos ou persistência de dados. O domínio destes conceitos permite-lhe armazenar, recuperar e processar dados de forma eficiente nas suas aplicações Python, melhorando a sua funcionalidade e âmbito.

CAPÍTULO 5

Tratamento de erros e depuração

5.1 Compreender os erros e as excepções do Python

O tratamento de erros é um aspeto crítico da programação em Python, uma vez que ajuda a manter o fluxo do programa e fornece informações úteis quando as coisas correm mal. Python categoriza os erros em dois tipos principais: erros de sintaxe e excepções.

5.1.1 Erros de sintaxe:

- **Descrição:** Erros de sintaxe, também conhecidos como erros de análise, são talvez o tipo mais comum de reclamação que você recebe enquanto ainda está aprendendo Python. Esses erros ocorrem quando o analisador Python encontra uma linha de código que viola a sintaxe da linguagem.
- **Exemplo:**

```
print("Hello world"  # Missing closing parenthesis
```

print("Hello world" # Faltam os parênteses de fecho

- Este código resulta num erro de sintaxe (**SyntaxError: unexpected EOF while parsing**) indicando que o fim do seu código-fonte foi atingido antes de todos os blocos de código terem sido concluídos.

5.1.2 Excepções:

- **Descrição:** Mesmo que o seu código esteja sintaticamente correto, pode causar um erro quando executado. Estes erros são chamados excepções e não são incondicionalmente fatais. Python vem com várias excepções incorporadas e também pode definir as suas próprias excepções.
- **Exemplo:**

```
number = int("hello")  # Trying to convert a string that doesn't contain
numbers
```

number = int("hello") # A tentar converter uma string que não contém números

- Este código irá levantar um **ValueError** indicando que a cadeia de caracteres não continha um número válido para converter.

Conceitos-chave no tratamento de excepções

1. **Tentativa e exceção do bloco:**

- O mecanismo principal para o tratamento de excepções é o bloco **try** e **except**. Coloca-se o código que pode levantar uma exceção dentro do bloco **try** e trata a exceção no bloco **except**.
- **Exemplo:**

```
 try:
     number = int(input("Enter a number: "))
     inverse = 1.0 / number
 except ValueError:
    print("That's not a valid number!")
except ZeroDivisionError:
    print("Infinity")
```

tentar:

número = int(input("Introduza um número: "))

inverso = 1.0 / número

exceto ValueError:

print("Este não é um número válido!")

exceto ZeroDivisionError:

print("Infinito")

Neste exemplo, o programa antecipa e detecta **ValueError** se a entrada não for um número, e **ZeroDivisionError** se o número for zero.

1. **A outra cláusula:**

• Também pode utilizar uma cláusula **else** no seu bloco try-except. O código no bloco **else** será executado se o bloco try não levantar uma exceção.

• **Exemplo:**

```
try:
    print("Trying to open the file...")
    file = open('file.txt', 'r')
except IOError:
    print("Error opening the file!")
else:
    print("File opened successfully")
    file.close()
```

tentar:

print("A tentar abrir o ficheiro...")

ficheiro = open('ficheiro.txt', 'r')

exceto IOError:

print("Erro ao abrir o ficheiro!")

e mais:

print("Ficheiro aberto com sucesso")

ficheiro.fechar()

5.1.3 O último bloco:

• O bloco **finally** pode ser utilizado para definir acções de limpeza que devem ser executadas em todas as circunstâncias, por exemplo, fechar um ficheiro, libertar um bloqueio, etc.

• **Exemplo:**

```
try:
    file = open('file.txt', 'r')
except IOError:
    print("An error occurred trying to read the file.")
finally:
    print("Closing the file")
    file.close()
```

tentar:

ficheiro = open('ficheiro.txt', 'r')

exceto IOError:

print("Ocorreu um erro ao tentar ler o ficheiro.")

finalmente:

print("Fechar o ficheiro")

ficheiro.fechar()

5.1.4 Levantamento de excepções:

- Pode criar excepções intencionalmente com uma mensagem personalizada utilizando a instrução **raise**, o que pode ser útil para assinalar uma condição de erro no seu código.
- **Exemplo:**

```
x = 10
if x > 5:
    raise Exception('x should not exceed 5. The value of x was:
{}'.format(x))
```

x = 10
se x > 5:
raise Exception('x não deve exceder 5. O valor de x foi: {}'.format(x))

5.1.5 Excepções personalizadas:

- Pode definir as suas próprias excepções criando uma nova classe de exceção que herda da classe **Exception** incorporada do Python.
- **Exemplo:**

```
class CustomError(Exception):
    pass

raise CustomError("An error occurred")
```

classe CustomError(Exception):
passar
raise CustomError("Ocorreu um erro")

Compreender e implementar eficazmente o tratamento de erros em Python garante que os seus programas são robustos, fiáveis e fáceis de utilizar. Ao antecipar potenciais problemas, pode escrever código que lida graciosamente com situações inesperadas, melhorando assim a qualidade geral e a usabilidade do seu software.

5.2 Escrevendo Código Python Robusto com Tratamento de Exceções

O código Python robusto lida graciosamente com situações inesperadas, garantindo que o programa funcione sem problemas sob várias condições. O tratamento de exceções é fundamental na construção de um software resiliente, permitindo que seus programas gerenciem erros de forma elegante e mantenham o fluxo de controle. Aqui está como você pode escrever código Python robusto implementando efetivamente o tratamento de exceções:

5.2.1 Noções básicas de tratamento de excepções

1. **Bloco Try-Except:**

- O bloco **try** permite-lhe testar um bloco de código para detetar erros. O bloco **except** permite-lhe tratar o erro.
- Uma instrução **try** pode ter mais do que uma cláusula except para diferentes excepções, mas pelo menos uma é obrigatória se for utilizada uma cláusula **try**.
- **Exemplo:**

```
try:
    result = x / y
except ZeroDivisionError:
    print("Error: Division by zero.")
except TypeError:
    print("Error: Unsupported operand type(s).")
```

tentar:

resultado = x / y

exceto ZeroDivisionError:

print("Erro: Divisão por zero.")

exceto TypeError:

print("Erro: Tipo(s) de operando não suportado(s).")

5.2.2 Utilizar Else e Finally:

- O bloco **else** pode ser utilizado para executar código quando o bloco **try** não dá origem a erros.

O bloco **finally** permite-lhe executar código independentemente do resultado dos blocos try- e except, sendo frequentemente utilizado para acções de limpeza.

Exemplo:

```
try:
    print("Trying to open the file...")
    file = open('sample.txt', 'r')
except IOError:
    print("File not found.")
else:
    print("File opened successfully.")
    file.close()
finally:
    print("Executing the finally block.")
```

tentar:

print("A tentar abrir o ficheiro...")

ficheiro = open('sample.txt', 'r')

exceto IOError:

print("Ficheiro não encontrado.")

e mais:

print("Ficheiro aberto com sucesso.")

ficheiro.fechar()

finalmente:

print("Executando o bloco finally.")

5.2.3 Técnicas avançadas de tratamento de excepções

1. **Captura de várias excepções:**

- Uma única cláusula **except** pode capturar várias exceções como uma tupla entre parênteses quando seu bloco try pode lançar mais de um tipo de exceção.
- **Exemplo:**

```
try:
    # Code that might throw multiple exceptions
except (RuntimeError, TypeError, NameError):
    pass  # Handle multiple exceptions here
```

tentar:

 # Código que pode lançar várias excepções

exceto (RuntimeError, TypeError, NameError):

pass # Tratar várias excepções aqui

5.2.4 Excepções personalizadas:

- Pode criar as suas próprias classes de exceção para lidar com situações específicas do contexto da sua aplicação, herdando da classe Exception do Python.
- **Exemplo:**

```
class CustomError(Exception):
    def __init__(self, message):
        self.message = message

try:
    raise CustomError("This is a custom error message")
except CustomError as e:

print(f"Caught custom exception: {e.message}")
```

classe CustomError(Exception):

def __init__(self, message):

self.message = mensagem

tentar:

raise CustomError("Esta é uma mensagem de erro personalizada")

exceto CustomError as e:

print(f "Apanhou uma exceção personalizada: {e.message}")

5.2.5 Encadeamento de excepções:

- Utilize o encadeamento de excepções para ligar excepções entre si, permitindo-lhe criar uma nova exceção enquanto preserva o traço da pilha do erro original.
- **Exemplo:**

```
try:
    open("nonexistentfile.txt")
except FileNotFoundError as e:
    raise RuntimeError("File not found") from e
```

tentar:

open("nonexistentfile.txt")

except FileNotFoundError as e:

raise RuntimeError("Ficheiro não encontrado") from e

5.3 Melhores práticas para o tratamento de excepções

1. **Blocos mínimos de tentativa e exceção:**

- Reduza ao mínimo o código dentro de um bloco **try**. Quanto mais extenso for o bloco de tentativas, mais difícil se torna atribuir uma exceção a uma operação específica.

2. **Excepções específicas:**

- Capture excepções específicas em vez de utilizar uma cláusula **except:** simples. Isto evita a captura acidental de excepções que não pretendia tratar e torna o código mais legível.

3. **Registo de excepções:**

- Considere registar excepções em vez de as imprimir, especialmente em ambientes de produção. O registo fornece uma forma mais robusta de acompanhar as ocorrências de erro, o que pode ser crucial para a depuração.

4. **Gestão de recursos:**

- Utilize a instrução **with** (gestores de contexto) para a gestão de recursos (como operações de ficheiros) para garantir que os recursos são devidamente limpos após a utilização, reduzindo a necessidade de incluir explicitamente blocos **finally** para operações de fecho.

5. **Excepções definidas pelo utilizador:**

- Defina e utilize excepções personalizadas para tornar a intenção do seu código mais explícita e para tratar condições de erro antecipadas de forma mais graciosa.

Escrever código Python robusto implica antecipar potenciais problemas e planear preventivamente circunstâncias imprevistas. Ao implementar um tratamento de excepções cuidadoso, não só aumenta a fiabilidade e estabilidade da sua aplicação, como também melhora a sua capacidade de manutenção e usabilidade, conduzindo, em última análise, a software de maior qualidade.

5.4 Técnicas de depuração e práticas recomendadas

A depuração é um aspeto essencial do processo de desenvolvimento, crucial para identificar e resolver problemas que impedem o funcionamento correto do código. Estratégias eficazes de depuração podem economizar tempo e esforço e ajudar a manter a qualidade do código. Aqui está uma análise aprofundada de várias técnicas de depuração e práticas recomendadas em Python.

5.4.1 Técnicas de depuração

1. **Imprimir declarações:**

- A forma mais simples de depuração envolve a inserção de instruções de impressão no seu código para apresentar os valores das variáveis em determinados pontos durante a execução.
- **Prós:** Rápido e fácil de implementar.
- **Contras:** Pode tornar-se confuso e pode perder-se o contexto em aplicações complexas.
- **Exemplo: print("Variável x:", x)**

2. **Utilizando Asserções:**

- As asserções são uma forma sistemática de verificar se uma condição é cumprida. Se a condição for avaliada como False, o programa gera um AssertionError.
- **Prós:** Ajuda a identificar problemas numa fase inicial.
- **Contras:** Não se destinam a tratar erros em tempo de execução, mas sim a depurar.
- **Exemplo: assert x > 0, "x não é positivo"**

3. **Depuração interactiva com PDB:**

- O Depurador Python (PDB) é um poderoso ambiente de depuração interactiva. Pode definir pontos de interrupção, percorrer código, inspecionar estruturas de pilha e avaliar expressões.

- **Utilização:** Insira **import pdb; pdb.set_trace()** no seu código onde pretende o ponto de interrupção.
- **Prós:** Oferece uma inspeção aprofundada da execução do programa e das variáveis.
- **Contras:** Requer familiaridade com os comandos PDB.

4. **Depuradores integrados IDE:**

- A maioria dos IDEs Python (como PyCharm, Visual Studio Code) vem com depuradores integrados que fornecem uma interface amigável para inspeção e depuração de código.
- **Prós:** Fácil de utilizar, especialmente para quem não se sente à vontade com interfaces de linha de comandos; fornece informações visuais sobre a execução do código.
- **Contras:** Por vezes, pode ser mais lento do que utilizar ferramentas leves ou scripts de depuração direta.

5. **Registo:**

- A incorporação do registo em toda a aplicação pode fornecer informações em tempo de execução sobre o comportamento do código, facilitando a deteção de problemas.
- **Utilização:** Utilize o módulo **de registo** integrado do Python para registar mensagens em diferentes níveis de gravidade (DEBUG, INFO, WARNING, ERROR, CRITICAL).
- **Prós:** Registos persistentes da execução do programa; menos intrusivos do que as instruções de impressão.
- **Contras:** Requer configuração inicial e decisão sobre os níveis de registo adequados.

5.5 Melhores práticas

1. **Compreender o código:**

- Antes de mergulhar na depuração, certifique-se de que compreende bem o segmento de código que está a inspecionar. Reveja a documentação relacionada ou os comentários do código para obter contexto.

2. **Isolar o problema:**

- Tente isolar onde o problema está a ocorrer. Utilize testes unitários ou pequenas "verificações de sanidade" para restringir a área do problema, reduzindo o âmbito que precisa de depurar.

3. **Reproduzir o problema de forma consistente:**

- Certifique-se de que consegue reproduzir o erro de forma consistente antes de começar a tentar corrigi-lo. Se o problema for irregular, concentre-se em estabelecer um caso de teste fiável.

4. **Verificar o Stack Trace:**

- Leia e compreenda o traço da pilha fornecido pelo Python quando uma exceção é levantada. Muitas vezes contém informações valiosas sobre a causa raiz do erro.

5. **Utilizar o controlo de versões:**

- Utilize sistemas de controlo de versões como o Git. Se uma alteração recentemente introduzida tiver causado o erro, pode reverter para versões anteriores do código para ajudar a isolar o problema.

6. **Desenvolvimento e testes incrementais:**

- Adotar uma abordagem incremental à codificação - escrever pequenas partes e testá-las cuidadosamente antes de avançar. Esta prática ajuda a detetar os erros no início do ciclo de desenvolvimento.

7. **Procurar uma nova perspetiva:**

- Por vezes, discutir o problema com um colega ou até mesmo explicá-lo em voz alta a si próprio (depuração de patos de borracha) pode fornecer novas ideias ou revelar pormenores que não foram tidos em conta.

8. **Fazer pausas:**

- Se estiver bloqueado, faça uma pausa. Olhos frescos podem fazer uma diferença significativa e, por vezes, as soluções tornam-se evidentes depois de se afastar por um curto período de tempo.

A depuração é tanto uma arte quanto uma ciência. Embora essas técnicas e práticas recomendadas forneçam uma abordagem estruturada para encontrar e corrigir problemas, a chave para uma depuração bem-sucedida geralmente está na paciência, na persistência e em uma mentalidade metódica. O desenvolvimento de um sentido apurado para potenciais áreas problemáticas e uma intuição para possíveis soluções vem com a experiência e a prática.

CAPÍTULO 6

Programação orientada a objectos em Python

6.1 Classes, objectos e métodos

A Programação Orientada para Objectos (OOP) é um paradigma que utiliza "objectos" para conceber aplicações e programas de computador. Utiliza os conceitos de classes, objectos e métodos para criar software que é modular, reutilizável e fácil de manter. O Python, com a sua sintaxe clara e caraterísticas poderosas, é inerentemente adequado à OOP, permitindo aos programadores implementar funcionalidades complexas com estruturas de código geríveis e coerentes.

6.2 1. Aulas:

- **Descrição:** Uma classe em Python é um plano para criar objectos. Define um conjunto de atributos e métodos que os objectos criados da classe terão. As classes encapsulam dados e funções numa única entidade.
- **Definição de uma classe:** As classes são definidas utilizando a palavra-chave **class** seguida do nome da classe e dois pontos. No seu interior, é possível definir funções (métodos) e variáveis (atributos).

```
Carro de classe:
def __init__(self, make, model, year):
self.make = make
self.model = model
self.year = ano
```

- **O método __init__:** Este método especial é o construtor da classe. Ele é chamado quando um novo objeto da classe é criado e normalmente é usado para inicializar os atributos do objeto.

6.2.1 2. Objectos:

- **Descrição:** Os objectos são instâncias de classes; são os elementos tangíveis com que trabalha no seu código. A classe de um objeto define os atributos e métodos que este terá, pelo que cada objeto está equipado com as propriedades da sua classe.
- **Criar um objeto:** Cria-se um objeto chamando a classe como se fosse uma função, passando os argumentos necessários, tal como definido no método **__init__** da classe.

```
meu_carro = Carro("Toyota", "Corolla", 2018)
```

- Aqui, **my_car** é um objeto da classe **Car**, inicializado com "Toyota", "Corolla" e 2018 como marca, modelo e ano, respetivamente.

6.2.2 3. Métodos:

- **Descrição:** Os métodos são funções definidas dentro de uma classe que operam nos objectos da classe. São utilizados para definir o comportamento de um objeto.
- **Definição e chamada de métodos:** Os métodos têm sempre pelo menos um parâmetro, tradicionalmente denominado **self**, que se refere à instância da classe; permite que o método aceda aos atributos do objeto e a outros métodos.

```
Carro de classe:
# Método __init__ anterior
def description(self):
                                    return f"{self.year} {self.make} {self.model}"
def age(self, current_year):
return ano_actual - auto.ano
```

- O método de **descrição** devolve uma representação de cadeia de caracteres formatada do automóvel.
- O método **da idade** calcula a idade do automóvel tendo em conta o ano atual.

Chama-se um método a um objeto especificando o nome do objeto seguido de um ponto e do nome do método:

```
print(meu_carro.descrição())        # Saída: "2018 Toyota Corolla"
print(meu_carro.idade(2021))        # Saída: 3
```

6.3 Princípios orientados para objectos em Python

A abordagem do Python à OOP é flexível e intuitiva, permitindo um código limpo e de fácil manutenção. Ao compreenderem as classes, os objectos e os métodos, os programadores podem tirar partido de todo o poder das capacidades OOP do Python para criar aplicações robustas e eficientes. Este trio de conceitos forma a base da programação orientada a objectos do Python, permitindo o encapsulamento de dados e funcionalidades, promovendo a reutilização de código e facilitando a criação de sistemas de software complexos de uma forma gerível.

6.4 Herança, polimorfismo e encapsulamento

A Programação Orientada a Objectos (POO) em Python não se limita à definição de classes e à criação de objectos, mas envolve também três conceitos fundamentais: herança, polimorfismo e encapsulamento. Estes conceitos são cruciais para escrever código eficiente, organizado e reutilizável. Vamos explorar cada um destes conceitos em pormenor.

Herança

A herança permite que uma classe (conhecida como filha ou subclasse) herde atributos e métodos de outra classe (conhecida como pai ou superclasse), conforme mostrado na **Figura 6 - 1**. É uma maneira de formar novas classes usando classes que já foram definidas. O principal benefício é a capacidade de reutilizar código que já foi desenvolvido, reduzindo assim a redundância.

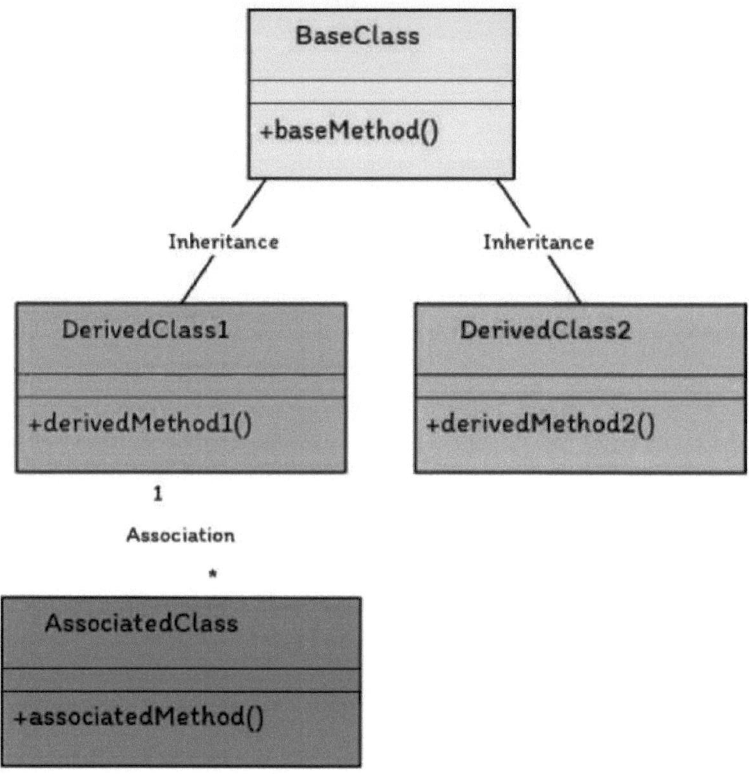

Figura 6 - 1 Herança na programação orientada para objectos em python

6.4.1 Definição de classes herdadas:

Uma subclasse herda todos os atributos e métodos públicos da sua superclasse, mas também pode especificar atributos ou métodos adicionais ou substituir os métodos existentes.

```
class Vehicle:
    def __init__(self, name, max_speed):
        self.name = name
        self.max_speed = max_speed

    def drive(self):
        print(f"{self.name} is driving at {self.max_speed} mph")
class Car(Vehicle):
    def __init__(self, name, max_speed, mileage):
        super().__init__(name, max_speed)
        self.mileage = mileage
```

classe Veículo:

```
def __init__(self, name, max_speed):
self.name = nome
self.max_speed = max_speed
def drive(self):
print(f"{self.name} está a conduzir a {self.max_speed} mph")
classe Carro(Veículo):
def __init__(self, name, max_speed, mileage):
super().__init__(name, max_speed)
self.mileage = mileage
```

Neste exemplo, **Car** herda de **Vehicle**. Tem todos os atributos e métodos de **Veículo**, para além do seu próprio atributo **de quilometragem**. A linha **super().__init__(name, max_speed)** chama o método **__init__** de **Vehicle**, garantindo que os atributos **name** e **max_speed** sejam inicializados na instância **Car**.

6.5 Polimorfismo

O polimorfismo refere-se à forma como diferentes classes de objectos podem partilhar o mesmo nome de método e esses métodos podem ser chamados a partir do mesmo local, apesar de poderem ser passados vários objectos diferentes. O método correto é escolhido com base no objeto que invoca ou chama o método. Os diagramas da Linguagem de Modelação Unificada (UML) para representar construções de programação orientada para objectos são apresentados na **Figura 6 - 2**.

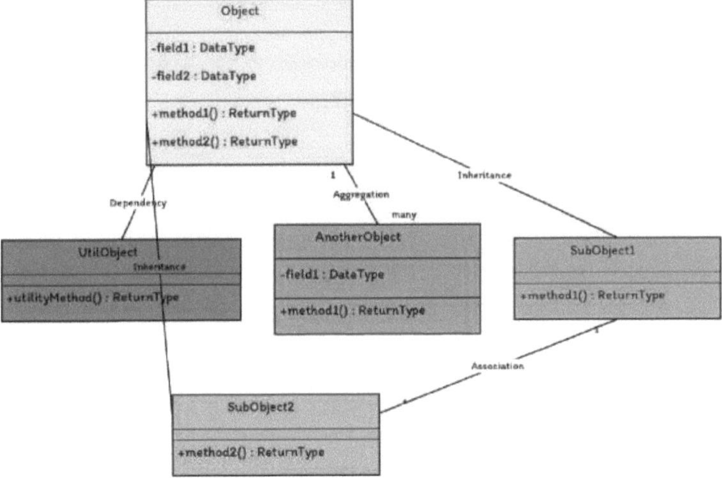

Figura 6 - 2: Diagramas da Linguagem de Modelação Unificada (UML) para representar construções de programação orientadas para os objectos

6.5.1 Implementação do polimorfismo:

Este conceito é frequentemente expresso através da substituição de funções ou métodos, em que um método numa subclasse tem o mesmo nome, parâmetros e tipo de retorno que um método na sua superclasse, mas tem uma implementação diferente.

```
class Boat(Vehicle):
```

```
    def drive(self):
        print(f"{self.name} is sailing at {self.max_speed} knots")

def vehicle_drive(vehicle):
    vehicle.drive()

car = Car("Car", 120, 30)
boat = Boat("Boat", 80)

vehicle_drive(car)  # Output: Car is driving at 120 mph
vehicle_drive(boat) # Output: Boat is sailing at 80 knots
```

classe Barco(Veículo):

def drive(self):

print(f"{self.name} está a navegar a {self.max_speed} nós")

def vehicle_drive(vehicle):

veículo.conduzir()

carro = Carro("Carro", 120, 30)

barco = Barco("Barco", 80)

vehicle_drive(car) # Saída: O carro está a conduzir a 120 mph

vehicle_drive(boat) # Saída: O barco está a navegar a 80 nós

Aqui, tanto **Car** como **Boat** herdam de **Vehicle** mas implementam métodos **de condução** diferentes. A função **vehicle_drive** demonstra polimorfismo; pode aceitar qualquer objeto que tenha um método **drive**.

6.6 Encapsulamento

O encapsulamento é o agrupamento de dados com os métodos que operam sobre esses dados. Restringe o acesso direto a alguns dos componentes de um objeto, o que é importante para ocultar a representação interna, ou o estado, do objeto do exterior. Normalmente, isto é feito tornando os atributos ou métodos privados, o que significa que não podem ser acedidos a partir do exterior da classe.

6.6.1 Implementação do encapsulamento:

Em Python, o encapsulamento é tipicamente conseguido prefixando o nome de um atributo ou método com um sublinhado (_) para protected, ou sublinhados duplos (__) para private, mas lembre-se que isto é meramente uma convenção e não impede o acesso de fora da classe (é mais uma questão de sinalizar a intenção).

```python
class Account:
    def __init__(self, owner, balance):
        self.owner = owner
        self.__balance = balance  # private attribute

    def deposit(self, amount):
        if amount > 0:
            self.__balance += amount
            print("Deposit successful")

    def get_balance(self):
        return self.__balance
```

Conta de classe:
def __init__(self, owner, balance):
self.owner = proprietário
self.__balance = balance # atributo privado
def deposit(self, amount):
se o montante > 0:
self.__balance += montante
print("Depósito bem sucedido")
def get_balance(self):
return self.__balance

Na classe **Conta**, o atributo **__balance** é considerado privado: não se destina a ser acedido diretamente a partir do exterior da classe. O método público **get_balance** fornece uma forma de aceder a ele de forma controlada.

Cada um destes conceitos desempenha um papel vital na POO do Python, ajudando os programadores a escreverem código mais fácil de gerir, escalável e seguro. Ao utilizar a herança, pode reduzir a redundância; com o polimorfismo, pode melhorar a flexibilidade e, através do encapsulamento, aumenta a segurança e evita a manipulação não autorizada de dados. Compreender e implementar esses conceitos de forma eficaz pode melhorar significativamente a estrutura e a qualidade do seu código Python.

6.7 Métodos especiais e integração de modelos de dados

A programação orientada a objectos do Python inclui um conjunto poderoso de métodos especiais (também conhecidos como métodos mágicos ou dunder) que pode definir para adicionar "magia" às suas classes. Eles são a base do Modelo de Dados Python, permitindo que seus objetos implementem, suportem e interajam com construções básicas da linguagem sem problemas.

6.7.1 O que são métodos especiais?

Os métodos especiais são métodos predefinidos em Python que pode substituir nas suas definições de classe para integrar com o Modelo de Dados Python. São identificáveis pelos seus sublinhados duplos no início e no fim (**__methodname__**). Estes métodos permitem aos seus objectos emular os comportamentos de tipos incorporados, permitir a sobrecarga de operadores e interagir com construções chave da linguagem (como loops, colecções, gestores de contexto).

6.7.2 Métodos especiais comuns

1. **__init__(self, [...]) e __del__(self):**

- O método **__init__** é o construtor de uma classe e é chamado quando um objeto é criado. Pode receber argumentos para inicializar os atributos do objeto.

- O método **__del__** é o destrutor e é chamado quando um objeto está prestes a ser destruído, embora a sua utilização seja rara devido ao facto de a recolha de lixo do Python tratar dos recursos automaticamente.

```
produto de classe:
def __init__(self, name, price):
self.name = nome
self.price = preço
```

2. **__str__(self) e __repr__(self):**

- **__str__** deve devolver uma representação de string amigável do objeto, enquanto **__repr__** deve devolver uma representação em cadeia não ambígua de um objeto, idealmente uma que possa ser utilizada para recriar o objeto.

```
produto de classe:
# assume o __init__ de cima
def __str__(self):
return f "Produto({self.name}, {self.price})"
def __repr__(self):
return f "Produto('{self.name}', {self.price})"
```

3. **__getitem__(self, key) e __setitem__(self, key, value):**

- Ativar a indexação e a atribuição de itens. O **__getitem__** é chamado para recuperar um item e o **__setitem__** é chamado para armazenar um item num determinado índice.

```
classe Inventário:
def __init__(self):
self._items = {}
def __getitem__(self, key):
return self._items.get(key, None)
def __setitem__(self, key, value):
self._items[key] = valor
```

4. **__len__(self):**

- Devolve o comprimento do contentor. Chamado para implementar a função **len()** incorporada para o contentor.

```
classe Inventário:
# assume os métodos anteriores
def __len__(self):
return len(self._items)
```

5. **__eq__(self, other) e __lt__(self, other):**

- Métodos para definir o comportamento personalizado para o operador de igualdade == (**__eq__**) e menor que < (**__lt__**), respetivamente. Existem métodos semelhantes para todos os operadores de comparação.

```
produto de classe:
# assume o __init__ de cima
def __eq__(self, other):
return self.price == other.price
def __lt__(self, other):
return self.price < other.price
```

6.8 Integração com o modelo de dados

Ao implementar estes métodos especiais, os seus objectos podem comportar-se como tipos de dados Python padrão. Esta capacidade permite um código elegante e idiomático que se integra perfeitamente nas funcionalidades incorporadas e na biblioteca padrão do Python, aderindo ao princípio da programação "pitónica".

- É possível criar classes que suportem iteração, gestão de contexto (**com** instrução), acesso a atributos e o operador **in.**
- Os contentores personalizados podem ser criados para atuar como listas, dicionários ou conjuntos, incluindo o suporte para corte e outras operações comuns.
- Os objectos podem suportar a adição com +, a subtração com **-** e todas as outras operações aritméticas através de métodos especiais apropriados como **__add__**, **__sub__**, etc.

6.8.1 Melhores práticas

- Implemente apenas os métodos especiais que fazem sentido lógico para a sua classe. Evite adicionar funcionalidades desnecessárias ou ilógicas, que podem levar a um código confuso.
- Assegurar que métodos como **__eq__** e **__hash__** são implementados de forma a manter a invariante que se **a == b**, então **hash(a) == hash(b)**.
- Utilize os métodos de comparação ricos (**__lt__**, **__le__**, **__eq__**, **__ne__**, **__gt__**, **__ge__**) para garantir que as instâncias da sua classe podem ser ordenadas ou comparadas de forma significativa.

Os métodos especiais permitem que as classes Python apresentem um comportamento familiar e intuitivo semelhante aos tipos incorporados, tornando os seus objectos personalizados mais integrados e naturais no ecossistema Python.

CAPÍTULO 7

Embalagem e distribuição

7.1 Criar pacotes Python

Criar um pacote Python e distribuí-lo efetivamente são passos cruciais para compartilhar seu código com outros, sejam eles usuários finais ou colegas desenvolvedores. Este capítulo investiga o processo de empacotamento do seu projeto Python, gerenciando dependências e distribuindo seu pacote para outros usarem. O caminho geral do fluxo para criar empacotamento e distribuição em python é demonstrado usando **a Figura 7 - 1**.

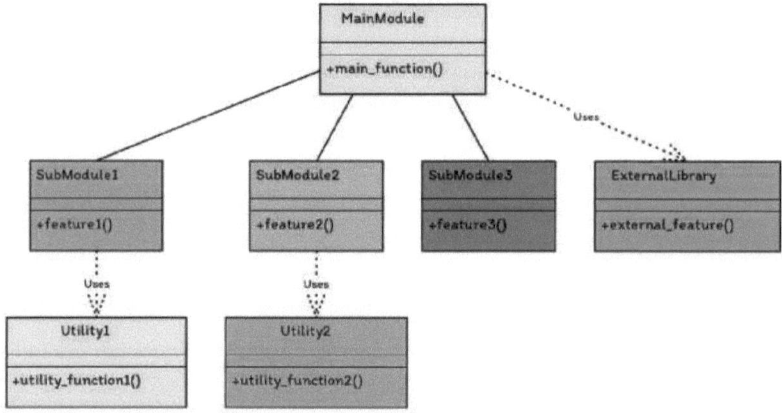

Figura 7 - 1. fluxograma demonstrando o empacotamento e a distribuição em python.

7.1.1 Criar pacotes Python

1. **Estrutura de um pacote Python:**

1— Um pacote Python é essencialmente um diretório que contém módulo(s) Python e um ficheiro especial __init__**.py**, que indica ao Python que o diretório deve ser tratado como um pacote. O pacote pode também incluir sub-pacotes, ficheiros de dados e outros recursos necessários.

2— Uma estrutura de pacote típica:

meu_pacote/

3— **_init_.py**

4— **modulel.py**

5— **module2.py**

6— **subpacote/**

I I- __init__.py

II- submodulel.py

I **1- submódulo2.py**

7— **setup.py**

2. **O ficheiro __init__.py:**

- Este ficheiro pode estar vazio mas contém frequentemente código de inicialização de pacotes, tais como importações que devem estar disponíveis quando o pacote é importado. Ajuda o Python a reconhecer o diretório como um pacote a partir do qual importar módulos.

3. **O ficheiro setup.py:**

o É um script de compilação para o **setuptools**. Diz ao **setuptools** sobre o seu pacote (tal como o nome e a versão) bem como quais os ficheiros de código a incluir. Um exemplo de um arquivo **setup.py** simples:

```
from setuptools import setup, find_packages
configuração(
nome='meu_pacote',
versão='0.1',
packages=find_packages(),
install_requires=[
"pedidos",
],
)
```

7.2 Gerir dependências e ambientes virtuais

1. **Gestão de dependências:**

- As dependências são pacotes externos dos quais o seu projeto depende. Especificar as dependências do seu projeto assegura que qualquer pessoa que instale o seu pacote irá instalar automaticamente os pacotes dos quais depende.
- As dependências são normalmente listadas num ficheiro **requirements.txt** ou diretamente na secção **install_requires** do **setup.py**.

2. **Ambientes virtuais:**

- Um ambiente virtual é um ambiente isolado para projectos Python. Garante que cada projeto tem as suas próprias dependências, independentemente das dependências que todos os outros projectos têm.
- Utilize o módulo **venv** para criar um ambiente virtual: **python -m venv myenv**
- Ativar o ambiente virtual utilizando **a fonte myenv/bin/activate** em Unix/macOS ou **myenv\Scripts\activate** em Windows.

7.3 Distribuindo seu código com pip e PyPI

1. **Embalar o seu projeto:**

- Uma vez que seu pacote esteja pronto e testado, você pode empacotá-lo em formatos distribuíveis como arquivos fonte ou rodas. Isso geralmente é feito usando a biblioteca **setuptools** em conjunto com o pacote **wheel**.
- Execute **python setup.py sdist bdist_wheel** no seu diretório de projeto para construir tanto um arquivo fonte como uma roda.

2. **PyPI - O Índice de Pacotes Python:**

- PyPI é o principal repositório para pacotes Python. Ao fazer o upload do seu pacote para o PyPI, torna-o acessível à comunidade Python em geral.
- Certifique-se de que tem uma conta **PyPI**, e que o seu **setup.py** está corretamente configurado com os detalhes do seu projeto.

3. **Carregar o seu pacote:**

- Use **o twine** (um utilitário para publicar pacotes Python no PyPI) para carregar seu pacote. Primeiro, instale o twine usando pip: **pip install twine**.
- Carregue o seu pacote no PyPI: **twine upload dist/***
- Uma vez carregado, seu pacote pode ser instalado por qualquer pessoa usando pip: **pip install your_package_name**.

4. **Controlo de versões:**

- É essencial gerir corretamente as versões quando actualiza o seu pacote. O versionamento semântico (MAJOR.MINOR.PATCH) é um esquema comumente usado para significar diferentes tipos de lançamentos.

7.4 Melhores práticas

- **README e Documentação:** Inclua sempre um ficheiro README no seu pacote, detalhando o que o pacote faz, como o instalar e como o utilizar. Código bem documentado também é crucial para usuários finais e mantenedores.
- **Testes:** Certifique-se de que o seu pacote é testado exaustivamente. Os testes automatizados podem ajudar a detetar erros e problemas antes que estes afectem os utilizadores.
- **Licenciamento:** Inclua uma licença para informar os utilizadores sobre como podem utilizar legalmente o seu pacote. A Licença MIT ou a Licença Apache 2.0 são escolhas populares para projectos open-source.

Empacotar e distribuir seu código Python permite que você compartilhe seu trabalho com um público mais amplo e contribua para o ecossistema Python mais amplo. Seguir essas diretrizes ajudará a garantir que seu pacote seja fácil de usar, instalar e entender, fornecendo valor para outros na comunidade Python.

CAPÍTULO 8

Caraterísticas avançadas do Python

8.1 Decoradores, geradores e gerenciadores de contexto

Este capítulo explora algumas das funcionalidades avançadas do Python que podem melhorar significativamente as suas capacidades de programação, permitindo-lhe escrever código mais conciso, eficiente e robusto. Iremos aprofundar decoradores, geradores, gestores de contexto, modelos de concorrência e interações com bases de dados.

8.1.1 Decoradores, geradores e gestores de contexto

1. **Decoradores:**

- **Descrição:** Os decoradores são uma maneira poderosa de modificar ou aprimorar o comportamento de funções ou métodos sem modificá-los permanentemente. Eles envolvem outra função, permitindo a execução de código antes e depois da execução da função envolvida, em conformidade com os princípios da programação orientada a aspectos.
- **Utilização:** Normalmente utilizado para registo, controlo de acesso, memoização e adição de funcionalidades a bibliotecas existentes.
- **Exemplo:**

```
def my_decorator(func):
def wrapper():
print("Algo está a acontecer antes de a função ser chamada.")
func()
print("Algo está a acontecer depois de a função ser chamada.")
retornar o invólucro
@meu_decorador
def say_hello():
print("Olá!")
say_hello()
```

2. **Geradores:**

- **Descrição:** Os geradores fornecem uma maneira simples e eficiente de criar iteradores. Utilizam a instrução **yield** para produzir uma sequência de resultados de forma preguiçosa, permitindo-lhe iterar sobre sequências sem construir e armazenar toda a sequência na memória.
- **Utilização:** Útil para trabalhar com grandes conjuntos de dados, fluxos de dados ou quando se pretende gerar uma sequência infinita.
- **Exemplo:**

```
def meu_gerador(x):
enquanto x < 5:
rendimento x
x += 1
for number in my_generator(0):
imprimir(número)
```

3. **Gestores de contexto:**

- **Descrição:** Os gestores de contexto permitem-lhe atribuir e libertar recursos precisamente quando quiser. A forma mais comum de escrever um gestor de contexto é utilizando a instrução **with**, que assegura que os recursos são automaticamente libertados após a execução do bloco de código.

- **Utilização:** Normalmente utilizado para gerir recursos como fluxos de ficheiros, bloqueios e ligações a bases de dados.
- **Exemplo:**

```
classe MyContextManager:
def __enter__(self):
print("Método Enter chamado")
retornar auto
def __exit__(self, exc_type, exc_value, traceback):
print("Método de saída ativado")
with MyContextManager() as manager: print("Com bloco executado")
```

8.2 Concorrência com Threads e AsyncIO

1. **Fios:**

- **Descrição:** Threading é uma técnica para alcançar a simultaneidade onde vários threads são gerados por um processo para executar tarefas simultaneamente. É particularmente útil para aplicações vinculadas a E/S.
- **Utilização:** Utilizado quando se pretende executar cálculos em segundo plano, efetuar operações de E/S ou quando é necessário melhorar a capacidade de resposta da aplicação.
- **Exemplo:**

```
importar threading
def print_numbers():
para i em range(5):
imprimir(i)
thread = threading.Thread(target=print_numbers) thread.start()
thread.join()
```

2. **AsyncIO:**

- **Descrição:** AsyncIO é uma biblioteca para escrever código concorrente usando a sintaxe **async/await**. É um tempo de execução orientado a eventos e não-bloqueante, ideal para código de rede estruturado de alto nível e vinculado a E/S.
- **Utilização:** Adequado para programação de rede estruturada de alto nível, implementação de servidores Web, ligações a bases de dados e recolha de dados da Web.
- **Exemplo:**

```
importar asyncio
async def main():
imprimir('Olá')
aguardar asyncio.sleep(1)
imprimir('mundo')
asyncio.run(main())
```

8.3 Trabalhar com bases de dados e armazenamento persistente

1. **Bases de dados:**

- Python pode interagir com bases de dados usando bibliotecas que aderem à Python Database API (PEP 249). Pode usar **sqlite3** para armazenamento leve baseado em disco, ou bibliotecas ORM mais pesadas como SQLAlchemy para gestão robusta de bases de dados.

- **Exemplo (utilizando sqlite3):**

```
importar sqlite3
conn = sqlite3.connect('example.db')
c = conn.cursor()
#     Criar tabela
c.execute('''CREATE TABLE stocks (date text, trans text, symbol text, qty real, price real)''')
#     Inserir uma linha de dados
c.execute("          INSERTINTOstocksVALUES          ('2006-01-
05','BUY','RHAT',100,35.14)")
conn.commit()
conn.close()
```

2. **Armazenamento persistente:**

- Para além das bases de dados tradicionais, o Python também interage com várias formas de armazenamento persistente, como ficheiros (por exemplo, CSV, JSON, XML) e armazenamentos de valores chave como o Redis.
- O armazenamento persistente de dados é essencial para as aplicações que requerem a recuperação de dados após um reinício ou para a partilha de dados entre diferentes sessões ou utilizadores.

Estas caraterísticas avançadas permitem aos programadores Python escrever código sofisticado, eficiente e de fácil manutenção. O domínio destes conceitos permite-lhe enfrentar uma gama mais vasta de desafios de programação e implementar funcionalidades mais complexas nas suas aplicações Python.

Apêndices

A secção de apêndices foi concebida para fornecer material suplementar para o ajudar na instalação do Python, oferecer um guia de referência rápida e direccioná-lo para outros recursos para aprofundar os seus conhecimentos sobre Python.

8.4 Apêndice A: Guia de instalação e configuração do Python

1. **Descarregar Python:**

- Visite o sítio Web oficial da Python em python.org.
- Navegue até à secção Downloads e escolha a versão adequada ao seu sistema operativo. O Python 3.x é recomendado, uma vez que o Python 2.x já não é suportado.

2. **Instalar o Python:**

- Janelas:

- Executar o instalador executável descarregado.
- Selecione "Add Python to PATH" antes da instalação para garantir que o Python está acessível a partir da linha de comandos.
- Siga as instruções no ecrã para concluir a instalação.

- macOS:

- Abra o instalador **.pkg** descarregado e siga as instruções no ecrã.

- Linux:

- Python normalmente vem pré-instalado. Pode verificar escrevendo **python -version** ou **python3 --version** no terminal.
- Se não estiver instalado, pode instalá-lo utilizando o gestor de pacotes da sua distribuição (por exemplo, **sudo apt-get install python3** para Ubuntu).

3. **Verificar a instalação:**

- Abra uma linha de comandos ou um terminal e escreva **python --version** ou **python3 -version**. Deverá ver a versão do Python instalada exibida.

4. **Configurar o pip:**

- **pip** é o instalador de pacotes do Python e vem pré-instalado com as versões 3.4 e superiores do Python.
- Verifique a sua instalação escrevendo **pip --version** ou **pip3 --version** no seu terminal.

5. **Criar um ambiente virtual:**

- É uma boa prática criar um ambiente virtual para os seus projectos Python para gerir as dependências.
- Crie um ambiente virtual executando **python -m venv myenv**.
- Active-o com a **fonte myenv/bin/activate** (Unix/macOS) ou **myenv\Scripts\activate** (Windows).

8.5 Apêndice B: Folha de dicas Python e referências rápidas

1. **Sintaxe básica:**

- Variáveis: **x = 10**
- Condicionais: **se x > 5: ... elif x == 3: ... else: ...**
- Loops: **for i in range(5): ...** and **while x < 10: ...**

2. **Estruturas de dados comuns:**

- Lista: **[1, 2, 3]**

- Tuple: **(1, 2, 3)**
- Dicionário: {**'key': 'value'**}

3. **Definição da função:**

- **def minha_função(arg1, arg2): ... return result**

4. **Definição de classe:**

classe MyClass:

def __init__(self, arg1):

self.arg1 = arg1

def my_method(self):

return self.arg1

5. **Importação de módulos:**

- **importar matemática**
- **from math import pi**

6. **Operações de ficheiros:**

- Abrir: **file = open('filename.txt', 'r')**
- Ler: **conteúdo = ficheiro.read()**
- Escrever: **file.write('Hello, world!')**
- Fechar: **file.close()**

8.6 Apêndice C: Recursos adicionais e leituras complementares

1. **Documentação oficial do Python:**

- A documentação oficial do Python é abrangente e inclui tutoriais, referência de bibliotecas e referência de linguagem.

2. **Tutoriais e cursos online:**

- Websites como Coursera, Udemy, Codecademy e Khan Academy oferecem cursos de programação Python que vão desde o nível básico ao avançado.

3. **Livros:**

- "Automate the Boring Stuff with Python" de Al Sweigart é ótimo para principiantes.
- O livro "Python Fluente" de Luciano Ramalho é excelente para utilizadores intermédios a avançados que queiram melhorar os seus conhecimentos de Python.

4. **Comunidade e fóruns:**

- O Stack Overflow, o r/learnpython do Reddit e os fóruns oficiais da comunidade Python são recursos valiosos para obter ajuda e estabelecer contactos com outros programadores Python.

5. **Ferramentas de desenvolvimento:**

- Explore ambientes de desenvolvimento integrado (IDE) como o PyCharm, o Visual Studio Code ou editores de texto mais simples, como o Sublime Text ou o Atom, melhorados com plug-ins Python.

Ao utilizar estes apêndices, pode simplificar o seu processo de desenvolvimento Python, consultar rapidamente estruturas de código Python comuns e encontrar recursos para expandir a sua compreensão e proficiência em programação Python.

Referências

1. **Documentação e normas oficiais:**

- Python Software Foundation. Referência da linguagem Python, versão 3.x. https://docs.python.Org/3/reference/
- Fundação de Software Python. Python Standard Library, versão 3.x. https://docs.python.Org/3/library/

2. **Livros e artigos:**

- Lutz, Mark. "Aprendendo Python: Powerful Object-Oriented Programming". O'Reilly Media, Inc., 5ª edição.
- Sweigart, Al. "Automatize as coisas chatas com Python: Practical Programming for Total Beginners". No Starch Press.

3. **Recursos online:**

- Python de verdade. Tutoriais, dicas e código Python. https://realpython.com/
- Python.org. O Tutorial Python. https://docs.python.org/3/tutorial/index.html

4. **Documentos de investigação e relatórios técnicos:**

- Van Rossum, Guido; Drake, Fred L., Jr., eds. (2009). "Python 3 Reference Manual". CreateSpace.

5. **PEP (Python Enhancement Proposals) relevantes:**

- Van Rossum, Guido. PEP 8-- Guia de Estilo para Código Python. https://peps.python.org/pep-0008/
- Varsóvia, Barry. PEP 20 -- O Zen de Python. https://peps.python.org/pep-0020/

Printed by Books on Demand GmbH, Norderstedt / Germany